はしがき

　このガラスを通り抜ける立体の表現は、イラストを絶句で４つに分けて構成されたものであり、そのストーリ等は立体物の内容により表現が異なる。例えば、観賞魚の場合は、水槽から立体が一部または半分前後、出た形による現象を表現するものであり、また、ショーウインドーの場合では、ガラスから出た立体が客を動員する形の表現である。立体を分けるガラスの部分が第二の句「承」または第三の句「転」で表現されるように著作権企画を行ったものである。

Preface

Expression of the solid which passes through this glass consists of Chinese quatrains by dividing into four in an illustration, and that story differs in expression according to the contents of the solid thing.

For example, in the case of an aquarium fish, it is expression of the form which expresses the form where the solid came out from the tank, and pulls a visitor in the case of a show window.

A copyright plan is carried out so that the portion which divides a solid may be expressed with the second phrase and the third phrase.

目　次

1、ガラスを通り抜ける立体　窓・ショーウインドー・観賞魚（イラスト解説）

　　立体パワーアップで商売繁盛

(1)　窓を通り抜けている飛行機　タイムトンネル飛行機 ------------------------------4

(2)　水槽のガラスから出ている亀　タイムトンネル観賞魚------------------------ 5

(3)　水槽のガラスから出ている鯉　タイムトンネル観賞魚------------------------6

(4)　水槽のガラスから出ている蛸　タイムトンネル水族館------------------------7

(5)　水槽のガラスから出ている鮫　タイムトンネル水族館------------------------9

(6)　ショーウインドーのマネキン--8

(7)　ショーウインドーの○○情報--10

2、English of the usage

The solid which passes through glass, and a window, a show window and an aquarium fish (illustration description)

It is a solid upgrade and is prosperity in business.

(1) --11

The airplane which has passed through the window

Time tunnel airplane

(2)--12

The tortoise which has come out of the glass of a tank

Time tunnel aquarium fish

(3)--13

The shark which has come out of the glass of a tank

Time tunnel aquarium fish

(4)--14

The octopus which has come out of the glass of a tank

Time tunnel aquarium

(5)--15

The mannequin of a show window

Time tunnel aquarium

(6)--16

The carp which has come out of the glass of a tank

(7)--17

OO information on a show window

3、公報解説---18

4、Patent journal English --45

1、ガラスを通り抜ける立体 窓・ショーウインドー・観賞魚(イラスト解説)

(1) 窓を通り抜けている飛行機　タイムトンネル飛行機

わ〜、飛行機だ！

飛行機が窓に向かっている。

飛行機がガラスを通り抜けようとしている。

タイムトンネルで飛行機が止まった。

(2) 水槽のガラスから出ている亀　タイムトンネル観賞魚

観賞魚

可愛い亀が水槽で泳いでいる。

こちらに向かって泳いでくる。

亀が水槽から通り抜けようとしている。

タイムトンネルで亀が止まった。

(3) 水槽のガラスから出ている鯉　タイムトンネル観賞魚

観賞魚

わ〜　大きくて、きれいな鯉

頭を出して、ガラスから通り抜けようとしているよ。

タイムトンネルの通過点で時間が止まったの。

⑷　水槽のガラスから出ている蛸　タイムトンネル水族館

水族館

大きな蛸

この蛸、水槽のガラスから頭が出て、通り抜けようとしているよ。

タイムトンネルの通過点で時間が止まったの。

⑸　水槽のガラスから出ている鯉　タイムトンネル観賞魚

観賞魚

大きなサメ

ガラスから通り抜けて、頭を出しているよ。後ろで蟹が驚いているよ。

タイムトンネルの通過点で時間が止まったの。

⑹　ショーウインドーのマネキン

ブティックショーウインドー

いらっしゃい

あれ〜　ガラスから手が出ているよ。

お店の中に入って見よう。

(7) ショーウインドーの〇〇情報

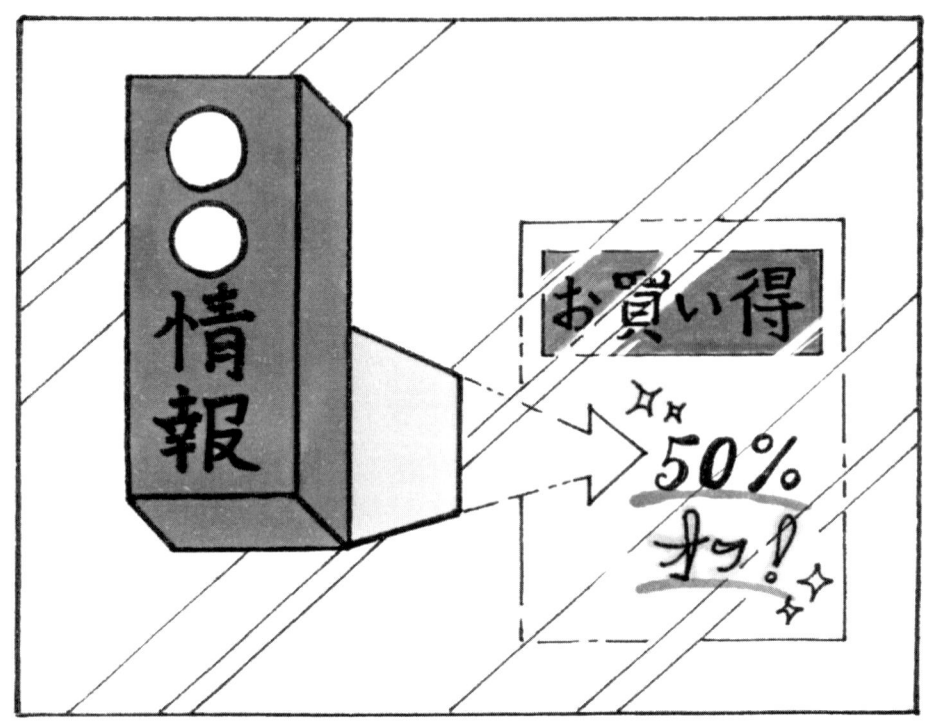

ショーウインドーから飛び出した情報。

何だろう。関心が持たれる。

ガラスを通り抜けた矢印の情報が注目される。

分かり易い効果を発揮。

2、English of the usage

The solid which passes through glass, and a window, a show window and an aquarium fish (illustration description)

It is a solid upgrade and is prosperity in business.

(1)

The airplane which has passed through the window

Time tunnel airplane

It is an airplane!

The airplane is going to the window.

The airplane is going to pass through glass.

The airplane stopped at the time tunnel.

(2)

The tortoise which has come out of the glass of a tank

Time tunnel aquarium fish

Aquarium fish

The lovely tortoise is sailing in the tank.

It swims [here].

The tortoise is going to pass from the tank.

The tortoise stopped at the time tunnel.

(3)

The shark which has come out of the glass of a tank

Time tunnel aquarium fish

Aquarium fish

A large and beautiful carp

The tortoise tends to pass from glass.

Time stopped at the route of a time tunnel.

(4)

The octopus which has come out of the glass of a tank

Time tunnel aquarium

Aquarium

A big octopus

The octopus tends to pass from glass.

Time stopped at the route of a time tunnel.

(5)

The mannequin of a show window

Time tunnel aquarium

Aquarium fish

A big shark

It passes from glass and is taking out the head.

The crab is behind surprised.

Time stopped at the route of a time tunnel.

(6)

The carp which has come out of the glass of a tank

Boutique show window

You come.

The hand has come out from glass.

```
I will enter into a store and will look at.
```

(7)

○○ information on a show window

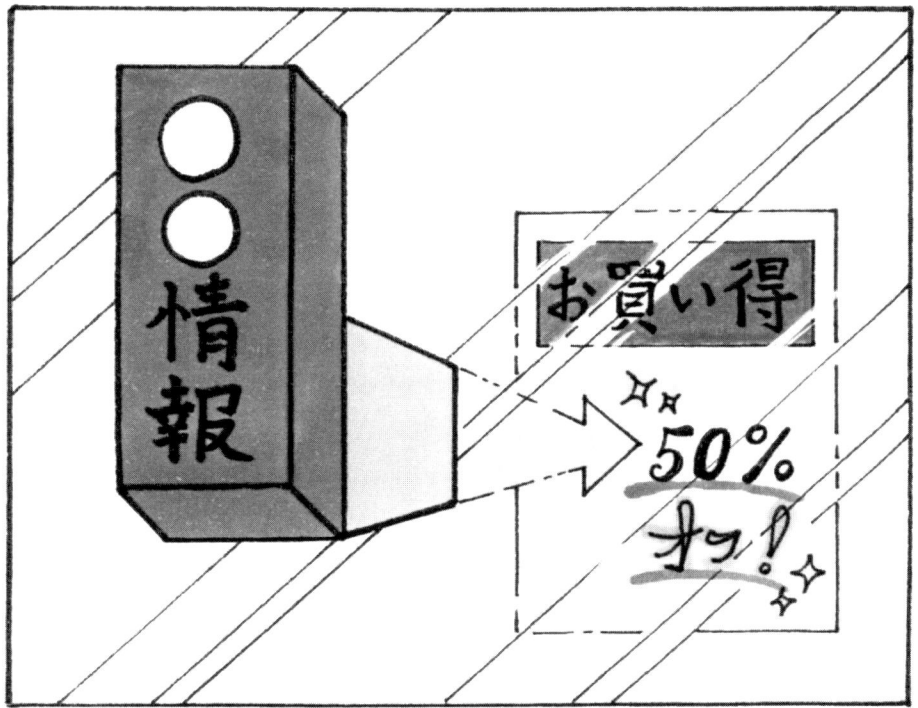

Information which jumped out of the show window.

It is interesting.

The information on the arrow which passed through glass attracts attention.

An intelligible effect is demonstrated.

３、公報解説
　　　特許第５１４７２８１号
　　　発明の名称；立体物の提示方法及び分割立体物の作成方法・
　　　特許権者；竹永建次

【特許請求の範囲】
【請求項１】
一つの立体物を任意の位置並びに角度で分割して複数の分割立体物を作成するステップ１と、無色透明又は有色透明な透明板の両面に前記複数の分割立体物の各分割面が対向するように設けるステップ２と、前記複数の分割立体物を、前記透明板の両面に貼りつけるステップ３とで行われる立体物の提示方法であって、前記ステップ１において、前記分割立体物が、前記透明板の厚さの分だけ、切断面から削ぎ落とされることを特徴とする立体物の提示方法。
【請求項２】
前記ステップ３において、前記分割立体物の貼り付け手段が、前記透明板の厚さに応じて、面一となるように埋設されていることを特徴とする請求項１に記載の立体物の提示方法。
【請求項３】
前記分割立体物の少なくとも一方は、固定手段を介して固定されていることを特徴とする請求項１または２の何れかに記載の立体物の提示方法。
【請求項４】
前記分割立体物は、前記透明板の少なくとも一面側に設ける際に、その一面側若しくは他面側に前記分割立体物の分割面形状に一致する位置決め穴を形成した位置決め部材を用いて位置決めされていることを特徴とする請求項１乃至３の何れかに記載の立体物の提示方法。
【請求項５】
前記透明板の少なくとも一面に、文字又は図柄の装飾が施されていることを特徴とする請求項１乃至４の何れかに記載の立体物の提示方法。
【請求項６】
前記分割立体物は、前記装飾の一部を構成していることを特徴とする請求項５に記載の立体物の提示方法。
【請求項７】
前記分割立体物の表面に、文字又は図柄の装飾が施されていることを特徴とする請求項１乃至６の何れかに記載の立体物の提示方法。

【請求項8】
前記分割立体物の内部に、光源又はセンサを配置したことを特徴とする請求項1乃至7の何れかに記載の立体物の提示方法。
【請求項9】
前記光源又はセンサは、前記分割立体物の室内側に配置したことを特徴とする請求項8に記載の立体物の提示方法。
【請求項10】
前記光源又はセンサは、前記分割立体物の開口部分からビームを照射することを特徴とする請求項9に記載の立体物の提示方法。
【請求項11】
立体物の原型を原寸大で作成したうえで、前記原型を利用して分割位置及び分割方向を決定し、前記原型を分割作業用原型固定台座に固定し、前記原型の分割位置及び分割方向に沿って切金を差し込んだ状態で前記原型を石膏で覆い、該石膏を前記切金の差し込み位置で分割することにより石膏型を作成し、その石膏型内に前記立体物構成用の溶融材料を流し込んで予め分割した立体物を作成する分割立体物の作成方法において、前記石膏型の前記分割面に相当する面は、分割立体物が対向して設けられるべき透明板の厚さの分だけ除去されていることを特徴とする分割立体物の作成方法。
【発明の詳細な説明】
【技術分野】
【0001】
本発明は、無色透明又は有色透明な透明板の表裏に対向状態で設けられ、透明板の表裏一方側から他方側へと透かして全体を見た場合に、その全体像を想定することができる立体物の提示方法、及びこの立体物の提示方法に用いられる分割立体物の作成方法に関する。
【背景技術】
【0002】
【特許文献1】特開2001-235708号公報　従来から、ショーウィンドウ等では、通行者の目を引き付けて商品自体のイメージを視覚的に増幅させることで購買意欲を向上させるため、商品自体、装飾品（立体ハートやミラーボール等）、オブジェ等の立体物を釣り糸等で吊り下げた技術が周知である。
【0003】
また、このような立体装飾としては、ショーウィンドウ内に設けた立体像再生装置によって商品イメージを提示するものも知られている（例えば、特許文献1参照）。

【発明の開示】
【発明が解決しようとする課題】
【０００４】
ところが、上述した立体物の吊り下げにあっては、その立体物を浮遊状態で位置決めしようとすると、上下左右の複数個所で釣り糸等で引っ張らないとならず、狭い設置空間となるショーウィンドウ内という現場作業での吊り下げ作業が面倒であるうえ、他の吊り下げ立体物吊り下げ用の釣り糸が邪魔となる等、制約が多かった。
【０００５】
また、釣り糸が見えてしまうため、見栄えを損ない、引き付け効果や購買意欲の向上を損なってしまう問題が生じていた。
【０００６】
さらに、立体像再生装置を使用した場合、その映像が薄いため、引き付け効果や購買意欲の向上に貢献し得るとは言い難かった。
【０００７】
そこで、本発明は、上記事情を考慮し、立体物の視覚的な浮遊状態を容易に確保することができるばかりでなく、引き付け効果を向上することができる立体物の提示方法を提供することを目的とする。
【課題を解決するための手段】
【０００８】
本発明の立体物の提示方法は、一つの立体物を任意の位置並びに角度で分割して複数の分割立体物を作成するステップ１と、無色透明又は有色透明な透明板の両面に前記複数の分割立体物の各分割面が対向するように設けるステップ２と、前記複数の分割立体物を、前記透明板の両面に貼りつけるステップ３とで行われる立体物の提示方法であって、前記ステップ１において、前記分割立体物が、前記透明板の厚さの分だけ、切断面から削ぎ落とされることを特徴とする。
【０００９】
尚、この分割立体物は、実際に透明板に設ける一つの立体物を直接分割しても良いし、予め分割状態で型取りしたものから分割状態で形成しても良い。
【００１０】
この際、前記一つの立体物は、前記透明板の厚さを考慮して分割されているのが好ましい。
【００１１】
また、前記分割立体物の各分割面は、貼り付け手段を介して互いに対向状態で前記透明板に貼り合わせるのが好ましいが、前記分割立体物の少なくとも一方を固定手

段を介して固定しても良い。
【0012】
さらに、本発明の立体物の提示方法に用いられる分割立体物の作成方法としては、立体物の原型を原寸大で作成したうえで、前記原型を利用して分割位置及び分割方向を決定し、前記原型を分割作業用原型固定台座に固定し、前記原型の分割位置及び分割方向に沿って切金を差し込んだ状態で前記原型を石膏で覆い、該石膏を前記切金の差し込み位置で分割することにより石膏型を作成し、その石膏型内に前記立体物構成用の溶融材料を流し込んで予め分割した立体物を作成する分割立体物の作成方法において、前記石膏型の前記分割面に相当する面は、分割立体物が対向して設けられるべき透明板の厚さの分だけ除去されるのが好ましい。
【発明の効果】
【0013】
本発明の立体物の提示方法は、立体物の視覚的な浮遊状態を容易に確保することができるばかりでなく、引き付け効果を向上することができる。
【発明を実施するための最良の形態】
【0014】
次に、本発明の一実施形態に係る立体物の提示方法について、図面を参照して説明する。
【0015】
＜設置環境の確認＞
先ず、何を立体物（作品）として使用するのかが決定したら、その立体物を設置する場所、透明板（板ガラス等）の大きさや厚さ等を確認すると共に、主としてどの方向から立体物の全体が見えるようにするのか（どのように立体物の全体を見せたいのか）、立体物を人に触れさせるのか、その他安全性（屋外側への突出量等）の設置環境を確認し、立体物の大きさ・設置数・分割数・奥行き・厚さ等を決定する。
【0016】
＜材料の確認＞
立体物の大きさや利用目的が決定したらば、その立体物の形状・大きさ・利用目的（強度等）等に応じた材料並びに制作方法を決定する。
【0017】
ここで、立体物の材料としては、単なる提示目的として用いる場合には発泡スチロール等の軽量で加工の容易な素材が適している。また、ある程度の強度が必要なものの場合には、比較的軽量な立体物となることを前提として、木材や樹脂等を用いることができる。

【００１８】
＜製作方法の確認＞
立体物の制作方法としては、その手法は問わない。例えば、発泡スチロールや木材等のブロック体を彫って（又は削って）立体物を直接作成する方法が考えられる。その他に、例えば彫塑、彫刻によってもよい。また、鋳型を用意して鋳型内に材料を鋳込んで作成してもよい。立体物の造形の方法は、これ以外でも、適宜、選択できる。
【００１９】
また、立体物の原型を粘土等で作成した後、その原型を用いて作成した金型内に発泡スチロールや溶融樹脂等を注入（発泡成形・射出成形等）して立体物を作成する方法としても良い。
【００２０】
尚、立体物が大型或いは長尺な場合には、針金等の芯材を立体物に差し込んだり、予めインサート成形しても良い。
【００２１】
また、立体物の原型を粘土等で作成した場合、この時点で立体物の分割する位置や方向を決定し、例えば、図１（Ａ）に示すように、その原型１を台座２等に固定し、原型１の分割箇所に切金のへら３等を差し込んだ後に、図１（Ｂ）に示すように、原型１を石膏４等で覆い、図１（Ｃ）に示すように、石膏４をへら３を差し込んだ部位で分割して石膏４で型を作成し、その石膏４の型内に合成樹脂等を流し込み、予め分割した立体物を作成しても良い。
【００２２】
この際、原型を分割するためのへら等の差し込み時には、図１（Ｄ）に示すように、立体物を設置するガラス等の透明板の厚みと一致する板材５を挟んで分割立体物を作成しても良い。
【００２３】
尚、上述した制作方法以外にも、例えば、布・紙等を材料として立体物を直接作成しても良いが、ガラス等の透明板への負荷・安全性・耐光性・防水性・暴風対策等を考慮して使用材料や政策方法を決定するのが好ましい。
【００２４】
このように、本発明の立体物にあっては、大量生産の場合であっても所謂一品物であっても対応が可能となる。
【００２５】
さらに、立体物のデザイン等には、パーソナルコンピュータの３Ｄ（三次元）ＣＡ

Ｄソフト等を利用して製作し、コンピュータ制御のレーザカッター等で立体物を製作することも可能である。
【００２６】
＜分割立体物の作成＞
例えば、図２（Ａ），（Ｂ）に示すように、分割していない立体物６ができ上がったらば、透明板に対する実際の貼り付け方向（垂直・水平・傾斜等）と立体物の設置方向（垂直・水平・傾斜等）を考慮し、図２（Ｃ）に示すように、立体物６の切断位置や角度を決定し（例えば、図の点線が切断線）、その立体物６の材質や大きさ等に応じて、電熱線・ノコギリ・レーザー・水等の公知の切断技術を用いて立体物を切断し、図２（Ｄ）に示すように、分割立体物６ａ，６ｂを作成する（２分割の場合）。
【００２７】
尚、立体物６に上述した補強用の芯材を設けた場合、図２（Ｅ）に示すように、切断後（分割後）の分割立体物６ａ，６ｂを透明板７に貼り付けた際に、芯材によって透明板７の表裏各面に傷が付かないよう、芯材を切断面（＝分割面）よりも奥に位置させるのが好ましい（切断や押込み）。
【００２８】
また、立体物６を切断する際に、透明板７の厚さを考慮する必要がある場合、その厚みの分を切断面から削ぎ落とすことで分割面を作成し、透明板７への貼り付け時の全体感に違和感が発生しないようにしても良い。
【００２９】
尚、一般的なドア・窓・ショーウィンドウの場合、透明板としてのガラスの厚さは３ｍｍ～１０ｍｍであるため、薄いガラス用（家庭用窓ガラスなど）として３ｍｍ～６ｍｍ、厚いガラス用（ドアガラスやショーウィンドウなど）として８ｍｍ～１０ｍｍの範囲で切断しても良い。また、例えば、直方体や十字架等の同一形状・同一太さの部分を切断する場合には、透明板の厚さを考慮する必要はないが、設置場所によって削ぎ落としの必要がある場合には、設置現場で削ぎ落としたり、予めその分を短くして立体物を製作しても良い。
【００３０】
また、立体物への彩色は、立体物の製作後に行っても良いし分割立体物とした後に行っても良い。この際、分割立体物への彩色は、実際の透明板の厚さ相当の仮透明板に仮貼り付けを行い、透明板を透かして全体を見た場合の見栄えを確認しながら彩色作業を行うのが好ましい。尚、彩色に使用するインキ等は、立体物の設置場所（雨対策等）や剤料（溶剤含有の有無等）を考慮して決定される。また、防水ニス

等のコーティング処理を施しても良い。
【０031】
透明板への実際の貼り付けには、立体物の材質・大きさ・重さ・設置期間・設置場所等を考慮して決定するが、両面テープ・接着剤・マグネット・吸着盤等での貼り付けが可能である。また、使用目的等の状況に応じてボルト・ナット等の固定部材や補強部材を利用することも可能である。尚、両面テープ・マグネット・吸着盤を使用した場合には、図３（Ａ），（Ｂ）に示すように、分割立体物８ａ，８ｂの各分割面が透明板７の各面と面一となるように埋め込む必要がある。また、両面テープ・マグネット・吸着盤を使用した場合には、分割立体物８ａ，８ｂの透明板７に対する取り外しや貼り付け位置の変更の容易性を確保することができる。
【０032】
また、透明板７の表裏で立体物８ａ，８ｂの貼り付け位置にズレが生じないよう、図４（Ａ），（Ｂ）に示すように、立体物８ａ，８ｂの貼り付け箇所に穴空けを施した型紙９を作成し、この型紙９を利用して透明板７に立体物を貼り付けても良い。
【０033】
以下、図５に示すように、立体物としての小鳥８を分割して分割立体物８ａ，８ｂ，８ｃを作成し、図６，７に示すように、透明板７に貼り付ける例を説明する。
【０034】
＜型紙９を利用しないで透明板７に直接分割立体物８ａ，８ｂを貼り付ける場合＞
１）透明板７に対する分割立体物８ａ，８ｂの貼り付け位置を確認し、水性ペン等で貼り付け位置の位置取りを行う（透明板７の一面側のみで可）
２）透明板７の一面側（水性ペンでの位置取り面側でなくて良い）に分割立体物８ａ，８ｂの分割面に応じて接着剤の塗布又は両面テープの貼り付けを行う
３）透明板７の一面側に一方の分割立体物（例えば、分割立体物８ａ）を、水平・垂直方向を確認しながら貼り付ける
４）他方の分割立体物（例えば、分割立体物８ｂ）の分割面に接着剤の塗布又は両面テープの貼り付けを行う
５）透明板７の他面側に他方の分割立体物８ｂを、一面側の一方の分割立体物８ａの分割面とで重なり合うように確認しながら貼り付ける
の手順によって透明板７に対する分割立体物８ａ，８ｂの貼り付けを行う。
【０035】
＜透明板７の一面側に型紙９を利用して分割立体物８ａ，８ｂを貼り付ける場合＞
図８に示すように、
イ）透明板７の一面側（例えば、裏面側）のみに型紙を用いた場合の手順

１）立体物の貼り付け位置を確認し、水性ペン等で透明板７の裏面側に貼り付け位置の位置取りを行う
２）位置取りした部位に型紙の切り口（分割面形状）が重なるように、型紙の垂直・水平を確認しながら透明板７の裏面側に型紙を貼り付ける
３）透明板７の表面側に貼り付ける分割後の一方の立体物の分割面に接着剤の塗布又は両面テープの貼り付けを行う
４）透明板７の表面側に貼り付ける一方の分割立体物（例えば、分割立体物８ａ）を、透明板７の裏側に貼り付けた型紙の切り口と分割面とを一致させながら、透明板７の表面側に貼り付ける
５）型紙を透明板７から取り外す
６）透明板７の裏側に貼り付ける分割後の他方の立体物の分割面に接着剤の塗布又は両面テープの貼り付けを行う
７）透明板７の裏側に貼り付ける他方の分割立体物（例えば、分割立体物８ｂ）を、その分割面と透明板７の表面側に貼り付けた一方の分割立体物８ａの分割面とを一致させながら、透明板７の裏側に貼り付ける
の手順で透明板７に対する分割立体物８ａ，８ｂの貼り付けを行う。
【００３６】
＜透明板７の両面に型紙９を利用して分割立体物８ａ，８ｂを貼り付ける場合＞
図９に示すように、
１）分割立体物８ａ，８ｂの貼り付け位置を確認し、水性ペン等で透明板７の一面側に貼り付け位置の位置取りを行う
２）位置取りした部位に型紙９の切り口（分割面形状）が重なるように、型紙９の垂直・水平を確認しながら透明板７の一面側に型紙９を貼り付ける
３）透明板７の一面側に貼り付けた型紙９の切り口と重なるように、且つ、その一面側の型紙９とで垂直・水平を確認しながら透明板７の他面側に型紙９を貼り付ける
４）透明板７の一面側に貼り付ける一方の分割立体物（例えば、分割立体物８ａ）の分割面に接着剤の塗布又は両面テープの貼り付けを行う
５）透明板７の他面側に貼り付ける他方の分割立体物（例えば、分割立体物８ｂ）の分割面に接着剤の塗布又は両面テープの貼り付けを行う
６）透明板７の一面側に貼り付ける一方の分割立体物８ａを、透明板７の一面側に貼り付けた型紙９の切り口と分割面とを一致させながら、透明板７の一面側に貼り付ける
７）透明板７の他面側に貼り付ける他方の分割立体物８ｂを、透明板７の他面側に

貼り付けた型紙９の切り口と分割面とを一致させながら、透明板７の他面側に貼り付ける
８）型紙９を透明板７から取り外す
の手順で透明板７に対する分割立体物８ａ，８ｂの貼り付けを行う。
【００３７】
尚、実際に分割立体物８ａ，８ｂを透明板７に貼り付ける場合、例えば、ショーウィンドウ用の立体物の場合や、立体物が動物等のように、立体物に表裏が設定されている場合、分割された立体物のうち、表側に位置する方を先に透明板７に貼り付けるのが好ましい。
【００３８】
これにより、実際の立体物を見る側からの貼り付け状態を確認することができるため、裏面側を透明板７に貼り付ける前に、イメージ等の確認や貼り付け位置の変更等を行うことができる。
【００３９】
なお、分割立体物は、立体物を一旦作成して、それを分割して作成することに限られるわけではない。最初から別々に作成して、それを貼り付けてもよい。
【００４０】
次に、上述した製法等に基づく立体物提示例を説明する。
【００４１】
＜人型ロボット＞
図１０に示すように、人型ロボットを立体物Ａとして予め所定動作の状態で作成し、その立体物Ａを任意の位置や角度で複数に分割し、ショーウィンドウ等の透明板７の表裏に各分割面が対向する状態で貼り合わせる。
【００４２】
これにより、立体物（人型ロボット）Ａがあたかも透明板７を突き破っているかのような躍動感溢れる装飾効果を得ることができる。
【００４３】
この際、透明板７の表面（又は裏面）に、擬似のひび割れ等を描くことにより、より一層リアリティ感のある装飾効果を得ることも可能である。
【００４４】
＜動物等＞
図１１に示す立体物Ｂとしての鯉や、図１２，図１３に示す立体物Ｃとしてのイルカ等の魚（貝）類、図１４，図１５に示す立体物Ｄとしてのふくろうや、図１６に示す立体物Ｅとしてのはと、図１６に示す立体物Ｆとしての折鶴等の鳥類、図１７

に示す立体物Ｇとしてのライオンや図１８に示す立体物Ｈとしての竜（創造物）等の動物（全体／部分）等の他、図示を略する植物（木／果実）や昆虫等を所定動作の状態で作成し、その立体物を任意の位置や角度で分割し、ショーウィンドウ等の透明板７の表裏に対向状態で貼り合わせる。
【００４５】
これにより、その動物等の躍動感や状態をより現実的なものとして表現することが可能となる。
【００４６】
この際、例えば、図１９に示す枝１０に止まっている子鳥８や蛇行した竜Ｈ等は、複数個所で立体物８，Ｈを分割することができ、木・巣・雲等の図柄を透明板７の周囲に描くことにより、木に止まる鳥・蜘蛛の巣・空を飛ぶ竜等のように、より一層現実感あふれるオブジェ等とすることができる。
【００４７】
また、図２０に示すライオンＧの口、図２１，図２２に示すふくろうＤや図２３に示す小鳥８の目等が光るように、ＬＥＤ等の光源１１を設けて光らせたり、動物の目や口に監視カメラを設ける等の機能を付与することも可能である。この際、光源１１や監視カメラの駆動用の電源回路ユニット１２（図２０参照）等は、一方を室外側に設けた場合、盗難防止の観点から室内側の分割立体物に設けるのが好ましい。
【００４８】
さらに、図１１，図１２，図１３に示した魚類の場合では、透明板７の表面に水１３を流し、あたかも泳いでいる（又は跳ねている）ような視覚的効果を付与することも可能である。
【００４９】
＜固有の意味合いを持つ立体物＞
図２４，図２５，図２６に示す立体物Ｉとしての十字架、図２７に示す立体物Ｊとしての天使、図２８に示す立体物Ｋとしてのキリスト、図２９，図３０に示す立体物Ｌとしての招き猫、図３１に示す立体物Ｍとしてのサンタクロース等の他、仏像・観音像・歴史上の著名な人物像（西郷隆盛／二宮金次郎等）等の固有の意味合い等を容易に想定し得る物をモチーフとして立体物を作成し、その立体物を任意の位置や角度で分割し、天窓・壁窓・ショーウィンドウ等の透明板７の表裏に対向状態で貼り合わせる。
【００５０】
これにより、立体物Ｉ～Ｍのように、全体像（固有の意味合い）を視覚的に確保したうえで、その立体物Ｉ～Ｍが有する固有の意味に加え、例えば、宙に浮いた十字

架Ｉ・天に昇る（又は教会に入る）天使ＪやキリストＫ・煙突がない場合のサンタクロースＭのプレゼント方法等、他の意味合いを複合して視覚的に与えることができるうえ、場所（教会・店舗等）の位置を示す看板的な要素を確保することも可能である。
【００５１】
この際、天窓等に立体物を貼り付けても、透明板７に穴を開ける必要が無いため、雨漏り等の心配もないうえ、外界からの視認性の向上と室内下方から見上げる芸術性美的効果の向上を図ることができ、しかも、夜間における透明板７を透して見える夜空（星・月・雲）とのコントラストや月明り等によって透明板７表面に作られる陰影等、その視覚的相乗効果は計り知れない。
【００５２】
尚、スポーツ関連の人（ゴルファー／野球のバッター等）や物（対象競技用ボールやバット等）或いは、図３２に示すライオンＧ等を立体物とし、透明板７を表彰盾の一部として適用することも可能である。
【００５３】
この際、図３３に示すように、このような表彰盾１４のような比較的小型な透明板７に立体物を設ける場合には、透明板７の表裏に対向状態で設けた製作金型１５，１６を利用し、立体物の離型と同時に位置決め状態での立体物の貼り付けを行うことも可能である。
【００５４】
尚、必要に応じて透明板７の上辺と一方の縦片とに跨るＬ字状の位置決め工具（図示せず）を用い、その位置決め工具に製作金型１５，１６の二辺を突き当てて位置決めすることで透明板７に対する立体物の表裏位置決めを行うことも可能である。
【００５５】
＜複数の立体物の組み合わせ＞
図３４に示す立体物Ｎとしての立方体、図３５に示す立体物Ｏとしての直方体、図３６，図３７に示す立体物Ｐとしてのハート等の立体物を複数個用い、これらを任意の位置や角度で分割し、ショーウィンドウ等の透明板７の表裏に対向状態で貼り合わせる。
【００５６】
これにより、各立体物の陰影を含めたグラデーションを作り、あたかも動いているかのような装飾効果を得ることができる。尚、これらの立体物Ｎ～Ｐ等を複数組み合わせても良い。
【００５７】

＜機能付き立体物＞
図３８～図４０に示す立体物Ｑ～Ｓを座部や背凭れ（一体／別体を問わない）として利用したイス１７～１９や図４１，図４２に示す立体物Ｔとしてのぶつかり防止用クッション体といった機能を持たせ、その立体物Ｑ～Ｔを任意の位置や角度で分割し、強化ガラスや強化プラスチック等の透明板７の表裏に対向状態で貼り合わせる。
【００５８】
これにより、イスやクッション体（バンパー効果）Ｔといった機能的効果を視覚効果に付与することができるうえ、イスやクッション体が存在しても室内空間が広く感じるといった視覚的効果を確保することができる。
【００５９】
尚、例えば、図４３に示すように、イス１７の座部（背凭れ一体を含む）としての立体物Ｑ～Ｓ側は、補強ボルト２０等で強固に固定するのが好ましい。
【００６０】
また、透明板７の角度は垂直や傾斜等を問わないが、イス１７から１９として利用する場合には透明板７にスタンド等のバランス補強板２１を取り付けるのが好ましい。
【００６１】
さらに、透明板７を背凭れとして使用するため、その透明板７を屈曲（図４０参照）させることによって、透明板７の強度やバランス性の向上等を確保することも可能である。尚、座部と背凭れとを一体とした立体物Ｒの場合、図３９に示したように、背凭れの一部を前後に分割すれば、座部並びに背凭れの機能を確保すると同時に透明板７との接着面積を広く確保することができる。
【００６２】
また、図４４～図４７は、他の機能付き立体物の例を示す。
【００６３】
図４４に示した立体物Ｕは、英字等の立体文字を複数組み合わせて全体で単語等を構成したものである。また、図４５に示すように、立体物としての直方体Ｏや立体矢印Ｖ等に宣伝文字（例えば、「人気商品」や「新製品」等）を表記することで宣伝効果を向上することも可能である。
【００６４】
この際、立体矢印Ｖは、例えば、蛇腹状としたり、薄肉部分を形成（図４７参照）した立体矢印Ｗとすることにより、任意に矢印方向を屈曲させることも可能である。
【００６５】

このように、本発明の立体物の提示方法によれば、一つの立体物を任意の位置並びに角度で分割し、無色透明又は有色透明な透明板７の表裏に前記一つの立体物の分割面が対向した状態で設けて前記透明板７の一面側から他面側を透かしたときに視覚的に前記一つの立体物として認識し得るようにしたことにより、立体物の視覚的な浮遊状態を容易に確保することができるばかりでなく、引き付け効果を向上することができる。
【００６６】
本発明の一実施形態にかかわる立体物は、造形・彫刻・彫塑・デザイン・設計を含む、美術教育分野において教材として採用することもできる。
【００６７】
尚、立体物が発光するようにすることが好ましい。立体物を透明材料で形成し、その内部に光源を入れておけばよい。また、電源を内部に入れておいてもよい。立体物自体が発光するようにしてもよい。例えば、表面に発光塗料を塗布しておいてもよい。また、有機ＥＬ材料・液晶材料を用いて、立体物を作成してもよい。
【図面の簡単な説明】
【００６８】
【図１】図１は本発明の一実施形態にかかわる立体物の提示方法に適用される立体物の作成手順例を時系列で示す説明図である。
【図２】図２は本発明の一実施形態にかかわる立体物の提示方法に適用される立体物の貼り付け手順例を時系列で示す説明図である。
【図３】図３（Ａ），（Ｂ）は本発明の一実施形態にかかわる立体物の提示方法に適用される立体物の貼り付け例２の説明図である。
【図４】図４（Ａ），（Ｂ）は本発明の一実施形態にかかわる立体物の提示方法に適用される型紙の説明図である。
【図５】図５は本発明の一実施形態にかかわる立体物の提示方法に適用される立体物の一例の分割斜視図である。
【図６】図６は本発明の一実施形態にかかわる立体物の提示方法に適用される立体物の一例の斜視図である。
【図７】図７は本発明の一実施形態にかかわる立体物の提示方法に適用される立体物の一例の側面図である。
【図８】図８は本発明の一実施形態にかかわる立体物の提示方法に適用される型紙を用いた貼り付け例１の説明図である。
【図９】図９は本発明の一実施形態にかかわる立体物の提示方法に適用される型紙を用いた貼り付け例２の説明図である。

【図１０】図１０は本発明の一実施形態にかかわる立体物の提示方法に適用される立体物の実施例１の斜視図である。
【図１１】図１１は本発明の一実施形態にかかわる立体物の提示方法に適用される立体物の実施例２の斜視図である。
【図１２】図１２は本発明の一実施形態にかかわる立体物の提示方法に適用される立体物の実施例３の側面図である。
【図１３】図１３は本発明の一実施形態にかかわる立体物の提示方法に適用される立体物の実施例４の側面図である。
【図１４】図１４は本発明の一実施形態にかかわる立体物の提示方法に適用される立体物の実施例５の斜視図である。
【図１５】図１５は本発明の一実施形態にかかわる立体物の提示方法に適用される立体物の実施例５の側面図である。
【図１６】図１６は本発明の一実施形態にかかわる立体物の提示方法に適用される立体物の実施例６の斜視図である。
【図１７】図１７は本発明の一実施形態にかかわる立体物の提示方法に適用される立体物の実施例７の斜視図である。
【図１８】図１８は本発明の一実施形態にかかわる立体物の提示方法に適用される立体物の実施例８の斜視図である。
【図１９】図１９は本発明の一実施形態にかかわる立体物の提示方法に適用される立体物の実施例９の正面図である。
【図２０】図２０は本発明の一実施形態にかかわる立体物の提示方法に適用される立体物の実施例１０の断面図である。
【図２１】図２１は本発明の一実施形態にかかわる立体物の提示方法に適用される立体物の実施例１１の斜視図である。
【図２２】図２２は本発明の一実施形態にかかわる立体物の提示方法に適用される立体物の実施例１１の説明図である。
【図２３】図２３は本発明の一実施形態にかかわる立体物の提示方法に適用される立体物の実施例１２の説明図である。
【図２４】図２４は本発明の一実施形態にかかわる立体物の提示方法に適用される立体物の実施例１３の斜視図である。
【図２５】図２５は本発明の一実施形態にかかわる立体物の提示方法に適用される立体物の実施例１３の斜視図である。
【図２６】図２６は本発明の一実施形態にかかわる立体物の提示方法に適用される立体物の実施例１３の斜視図である。

【図27】図27は本発明の一実施形態にかかわる立体物の提示方法に適用される立体物の実施例14の斜視図である。

【図28】図28は本発明の一実施形態にかかわる立体物の提示方法に適用される立体物の実施例15の斜視図である。

【図29】図29は本発明の一実施形態にかかわる立体物の提示方法に適用される立体物の実施例16の斜視図である。

【図30】図30は本発明の一実施形態にかかわる立体物の提示方法に適用される立体物の実施例16の斜視図である。

【図31】図31は本発明の一実施形態にかかわる立体物の提示方法に適用される立体物の実施例17の斜視図である。

【図32】図32は本発明の一実施形態にかかわる立体物の提示方法に適用される立体物の実施例18の斜視図である。

【図33】図33は本発明の一実施形態にかかわる立体物の提示方法に適用される立体物の実施例18の説明図である。

【図34】図34は本発明の一実施形態にかかわる立体物の提示方法に適用される立体物の実施例19の斜視図である。

【図35】図35は本発明の一実施形態にかかわる立体物の提示方法に適用される立体物の実施例20の斜視図である。

【図36】図36は本発明の一実施形態にかかわる立体物の提示方法に適用される立体物の実施例21の分割斜視図である。

【図37】図37は本発明の一実施形態にかかわる立体物の提示方法に適用される立体物の実施例21の斜視図である。

【図38】図38は本発明の一実施形態にかかわる立体物の提示方法に適用される立体物の実施例22の斜視図である。

【図39】図39は本発明の一実施形態にかかわる立体物の提示方法に適用される立体物の実施例23の斜視図である。

【図40】図40は本発明の一実施形態にかかわる立体物の提示方法に適用される立体物の実施例24の斜視図である。

【図41】図41は本発明の一実施形態にかかわる立体物の提示方法に適用される立体物の実施例25の斜視図である。

【図42】図42は本発明の一実施形態にかかわる立体物の提示方法に適用される立体物の実施例26の斜視図である。

【図43】図43（A）～（C）は本発明の一実施形態にかかわる立体物の提示方法に適用される立体物の実施例22の組み立て例を時系列で示す説明である。

【図４４】図４４は本発明の一実施形態にかかわる立体物の提示方法に適用される立体物の実施例２７の斜視図である。

【図４５】図４５は本発明の一実施形態にかかわる立体物の提示方法に適用される立体物の実施例２８の斜視図である。

【図４６】図４６は本発明の一実施形態にかかわる立体物の提示方法に適用される立体物の実施例２９の斜視図である。

【図４７】図４７は本発明の一実施形態にかかわる立体物の提示方法に適用される立体物の実施例３０の斜視図である。

【符号の説明】

【００６９】

A～W…立体物

7…透明板

【図１】[Drawing 1]

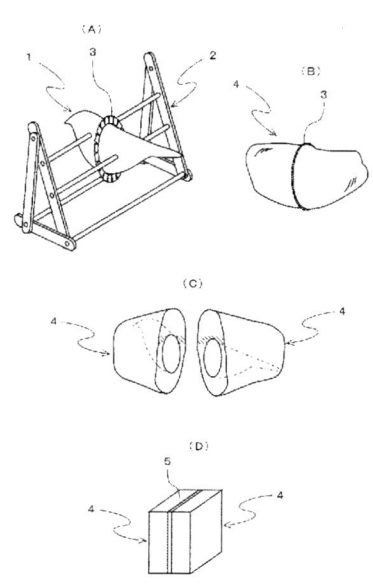

【図２】[Drawing 2]

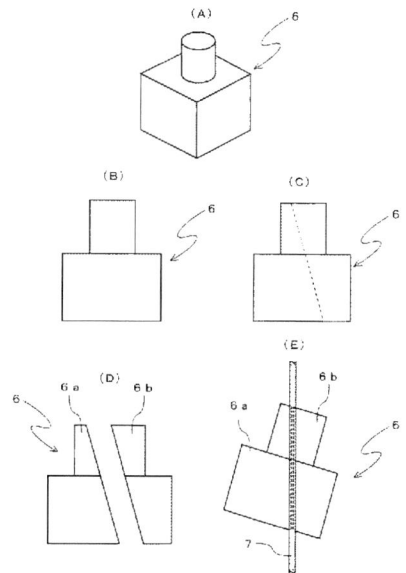

【図3】[Drawing 3]　　　　　　　　【図4】[Drawing 4]

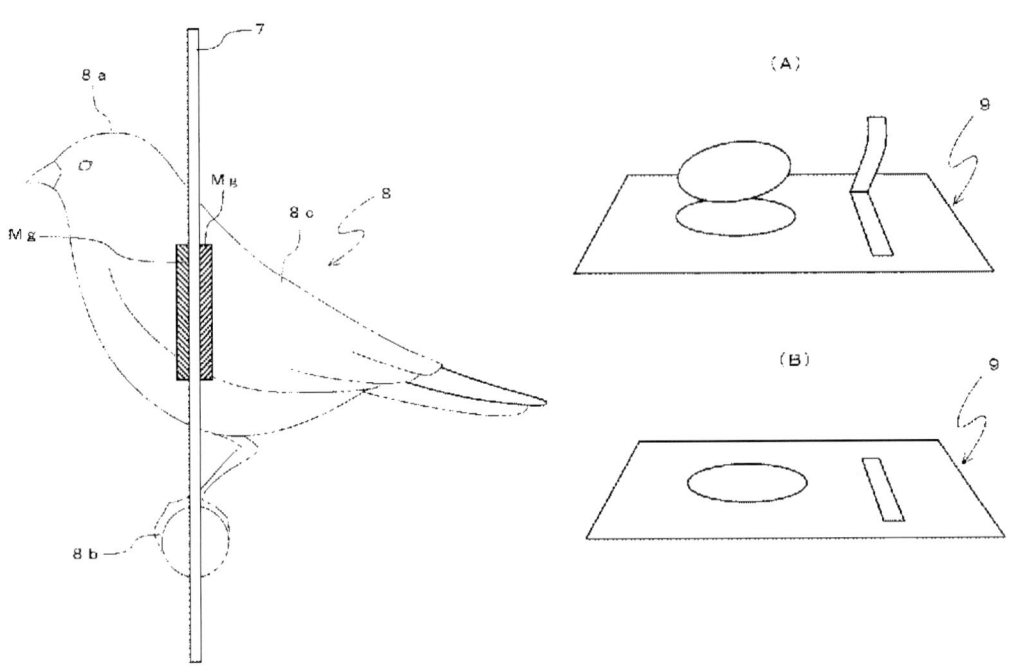

【図5】[Drawing5]　　　　　　　　【図6】[Drawing 6]

【図7】[Drawing7]

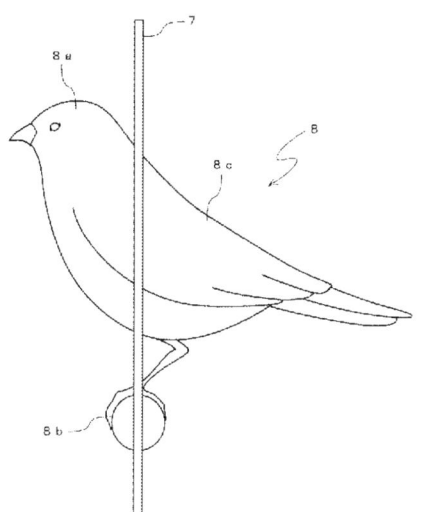

【図8】[Drawing 8]

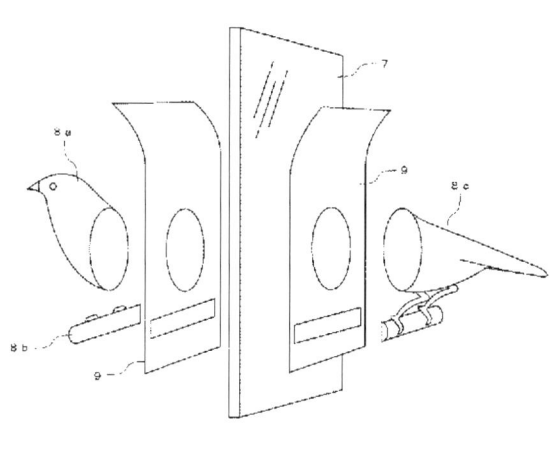

【図9】[Drawing9]

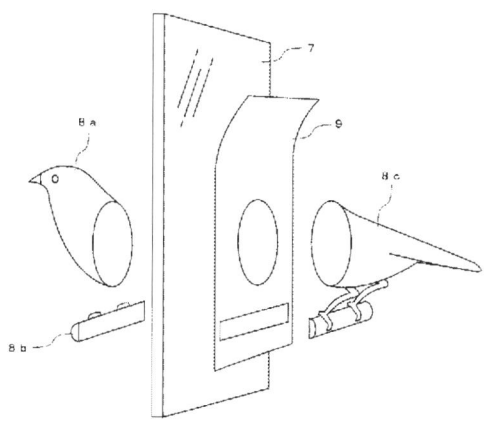

【図10】[Drawing 10]

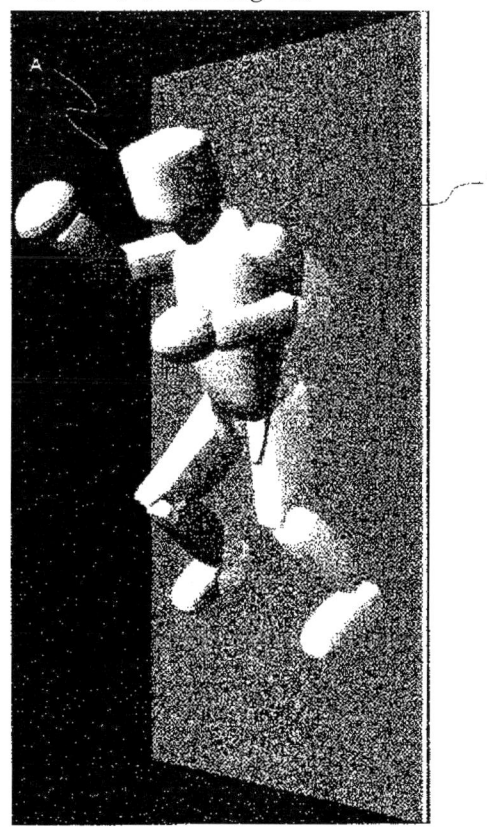

【図11】[Drawing11]

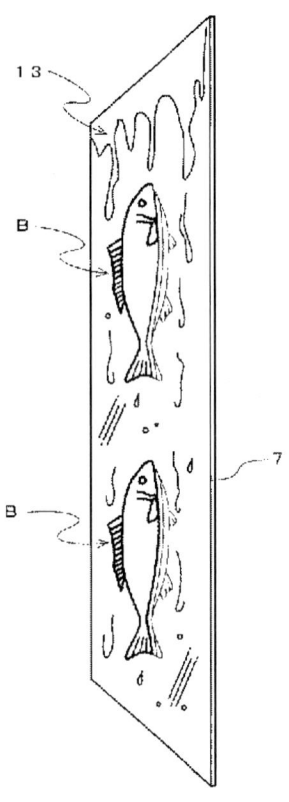

【図12】[Drawing 12]

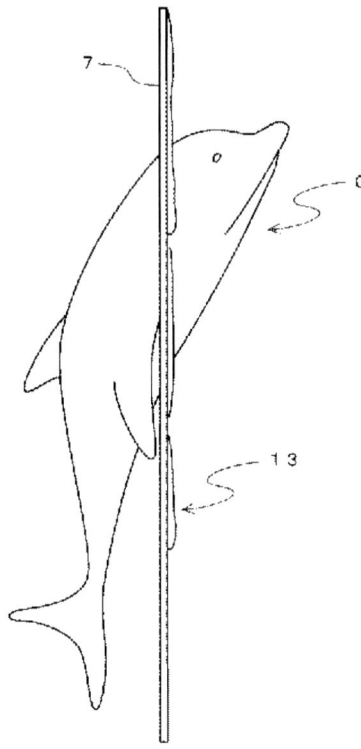

【図13】[Drawing13]

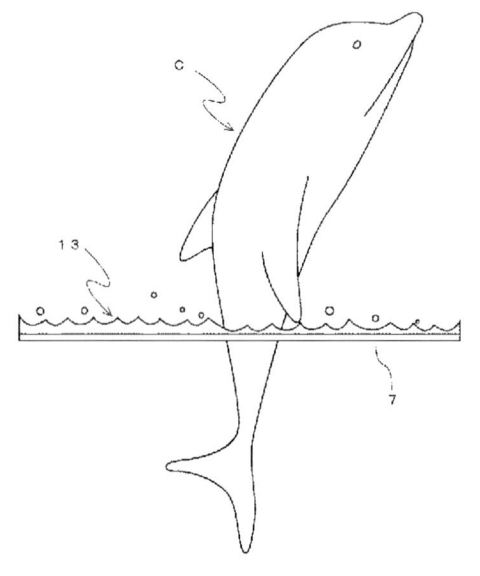

【図14】[Drawing 14]

【図 15】[Drawing15]

【図 16】[Drawing 16]

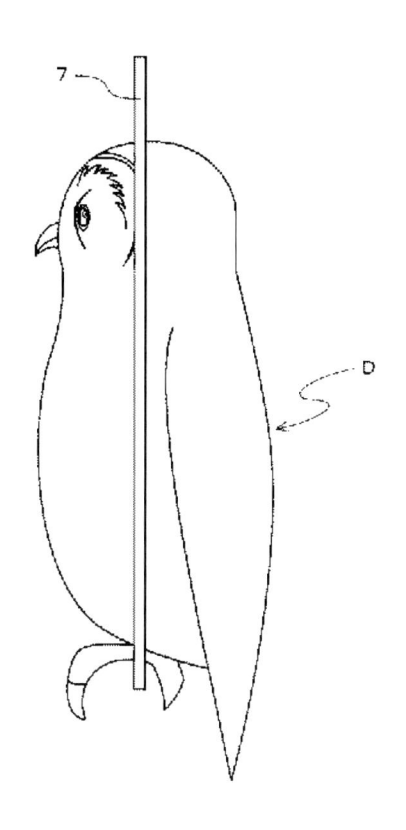

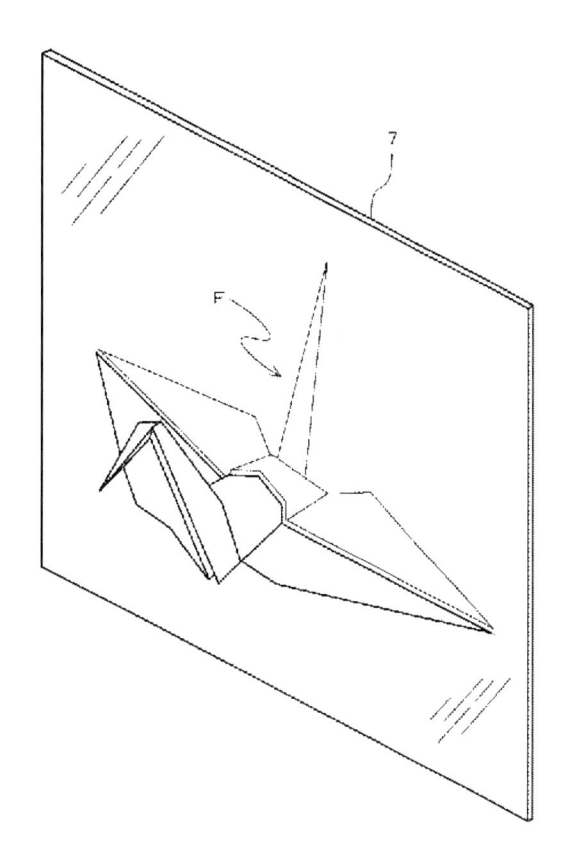

【図 17】[Drawing17]

【図 18】[Drawing 18]

【図 19】[Drawing19] 【図 20】[Drawing 20]

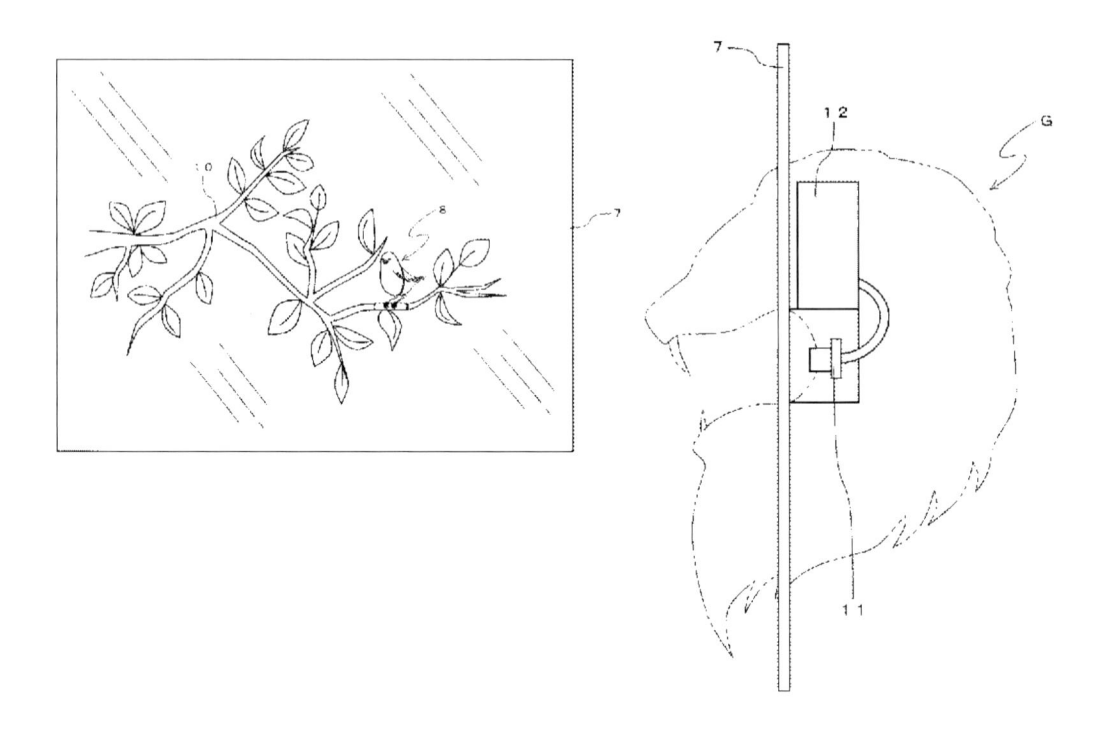

【図 21】[Drawing21] 【図 22】[Drawing 22]

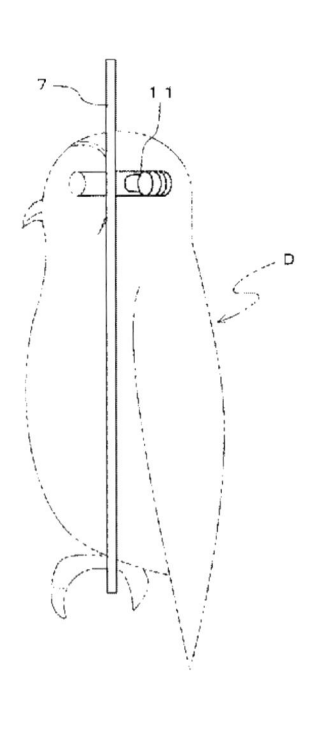

【図23】[Drawing23]

【図24】[Drawing 24]

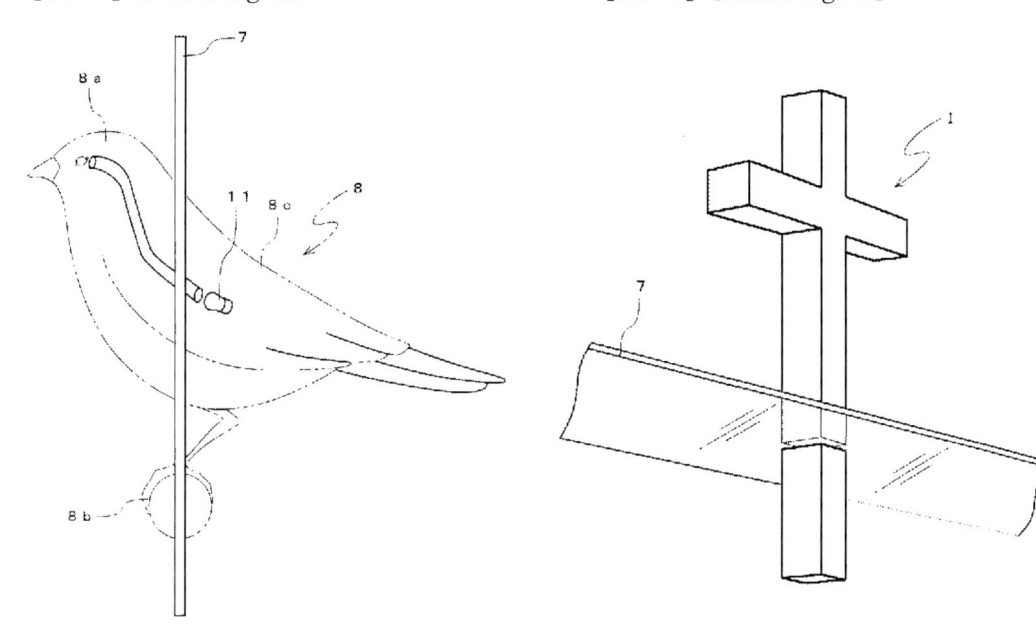

【図25】[Drawing25]

【図26】[Drawing 26]

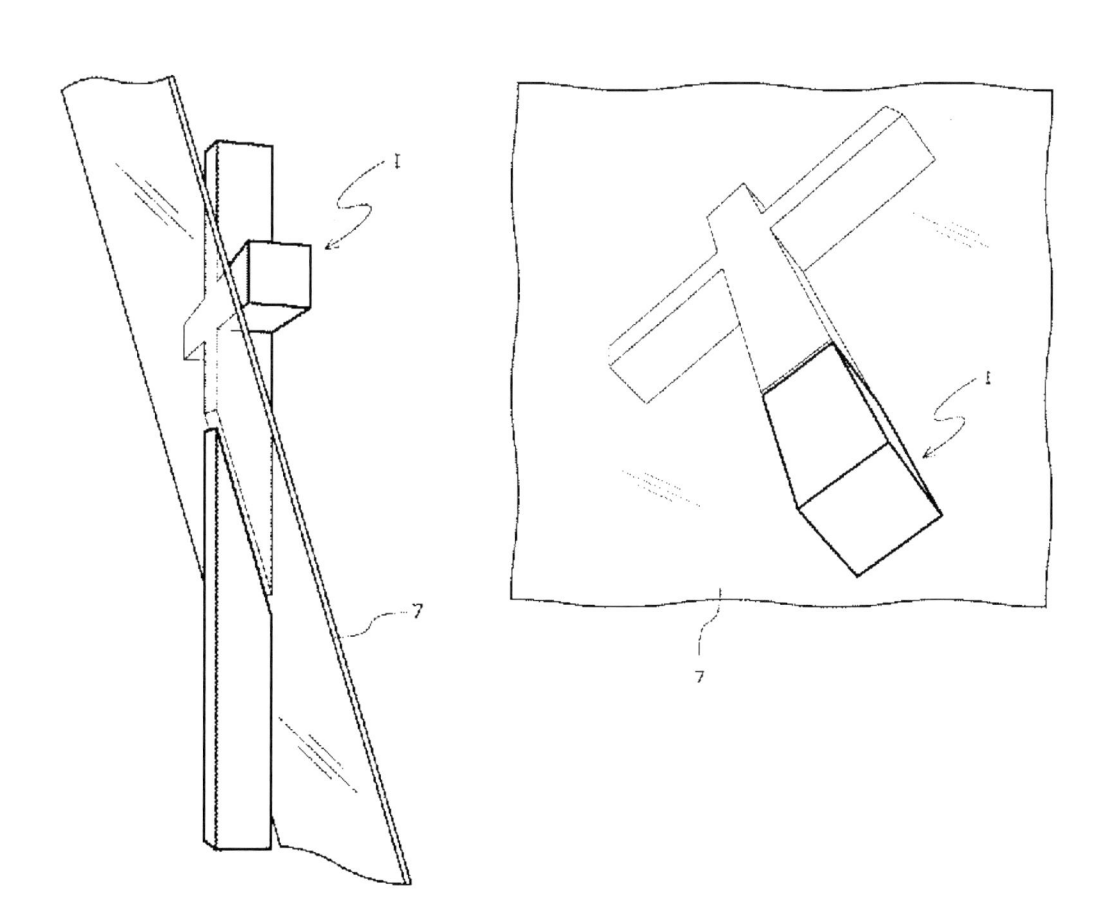

【図 27】[Drawing27]　　　　　　　　　【図 28】[Drawing 28]

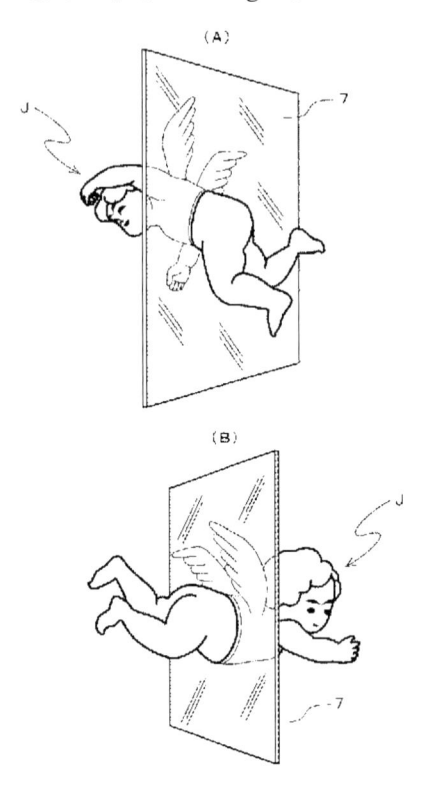

【図 29】[Drawing29]　　　　　　　　　【図 30】[Drawing 30]

【図31】[Drawing31] 【図32】[Drawing 32]

【図33】[Drawing33] 【図34】[Drawing 34]

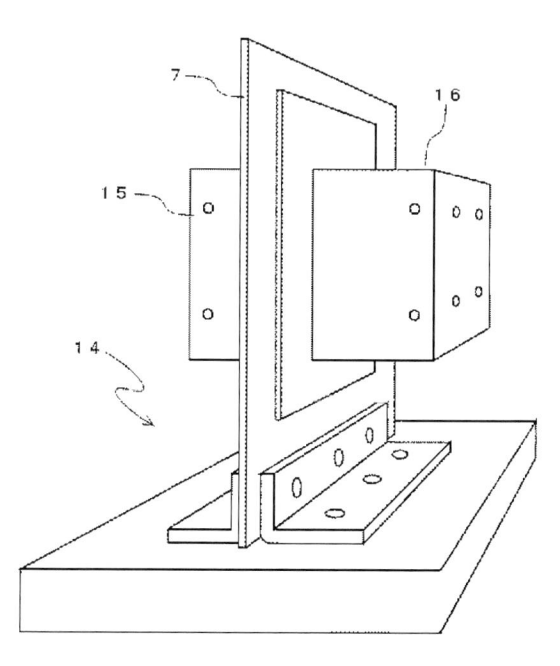

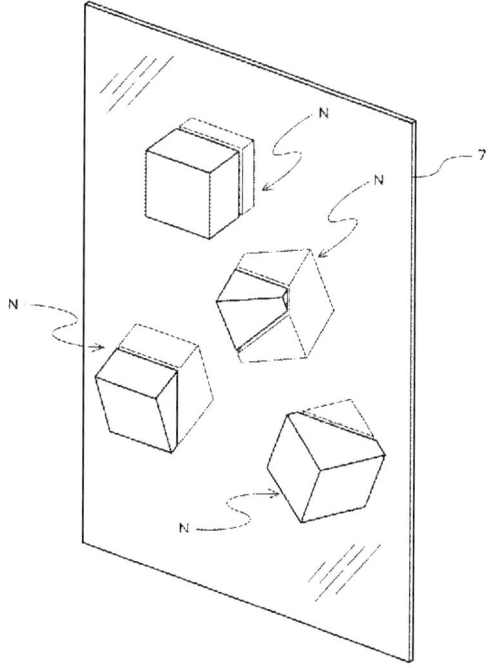

【図35】[Drawing35]

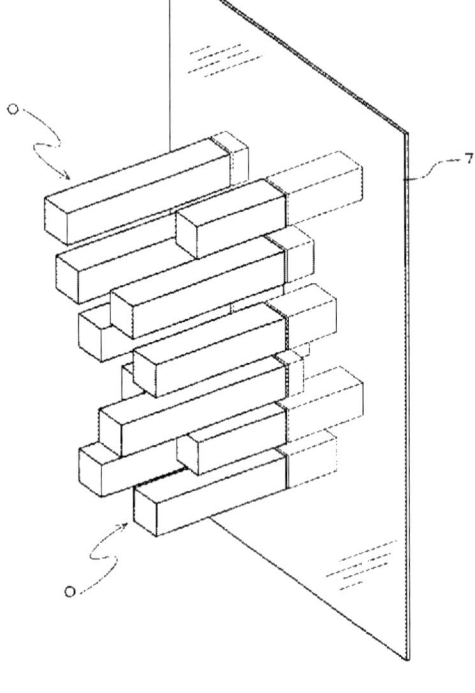

【図36】[Drawing 36]

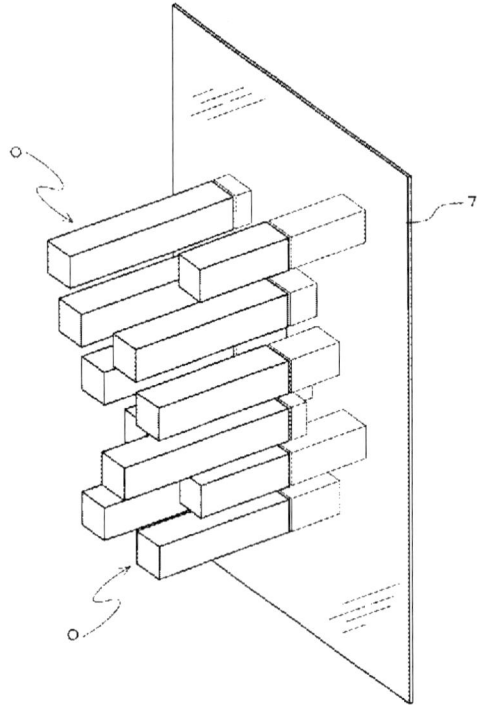

【図37】[Drawing37]

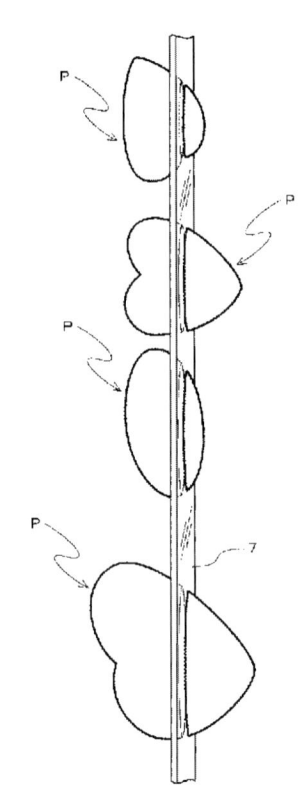

【図38】[Drawing 38]

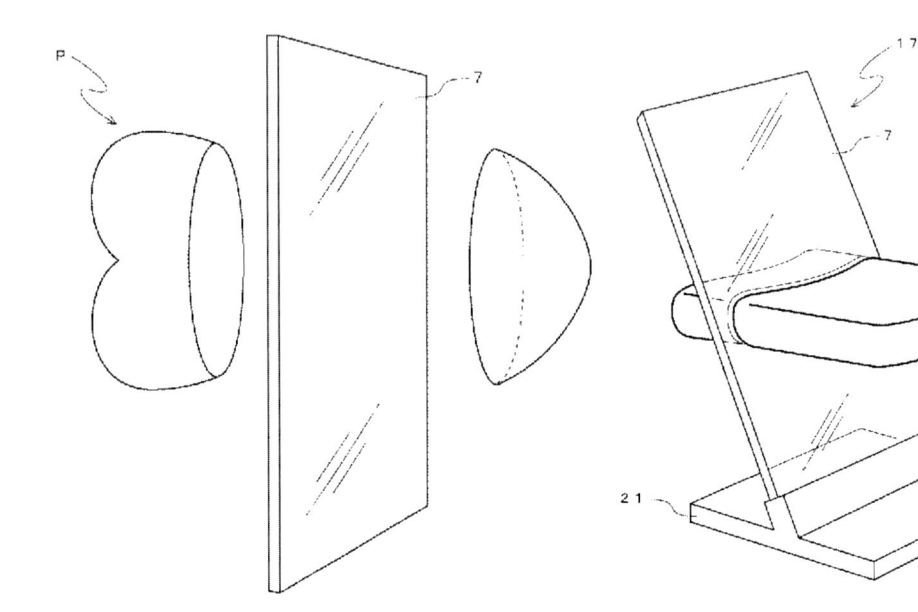

【図39】[Drawing39]　　　　　　　【図40】[Drawing 40]

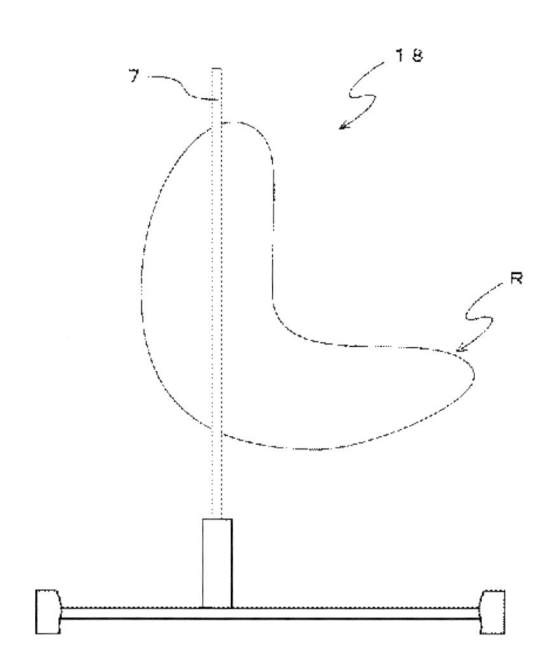

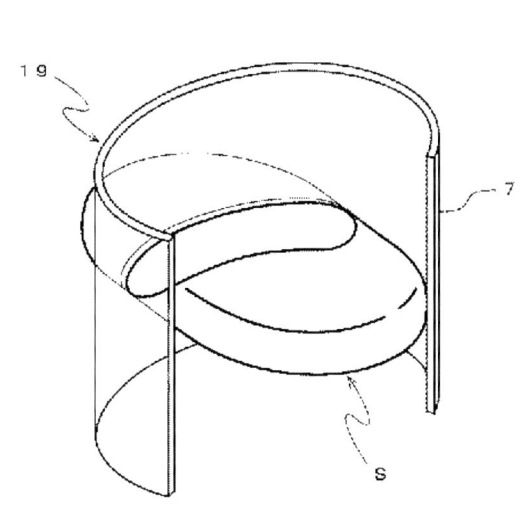

【図41】[Drawing41]　　　　　　　【図42】[Drawing 42]

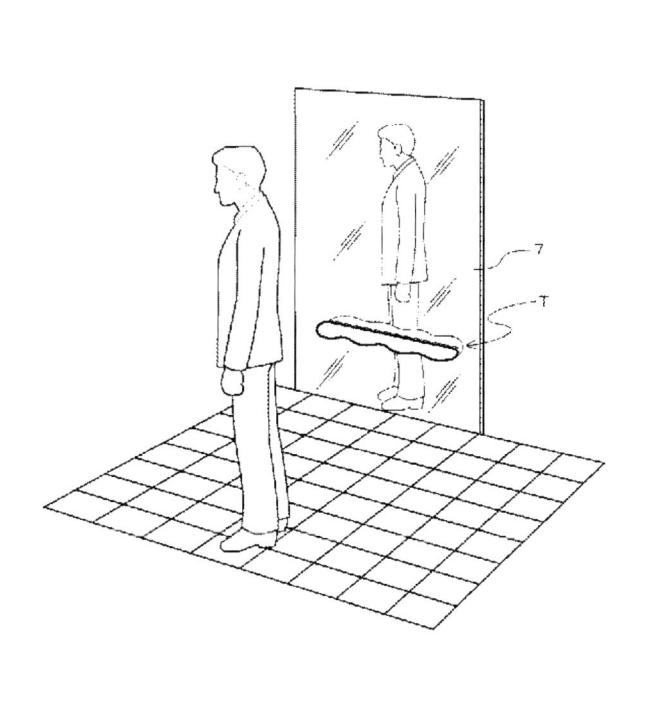

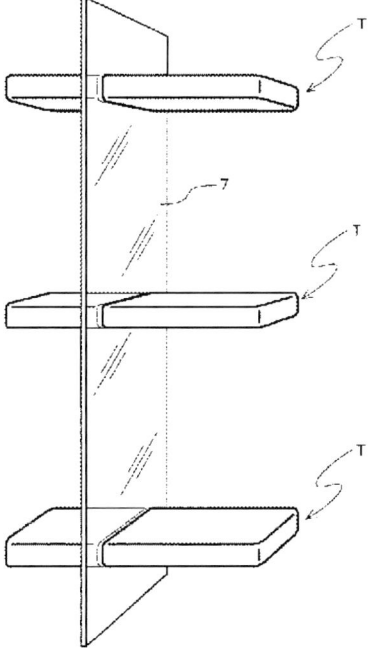

【図43】[Drawing43] 　　　　　　　　　　【図44】[Drawing 44]

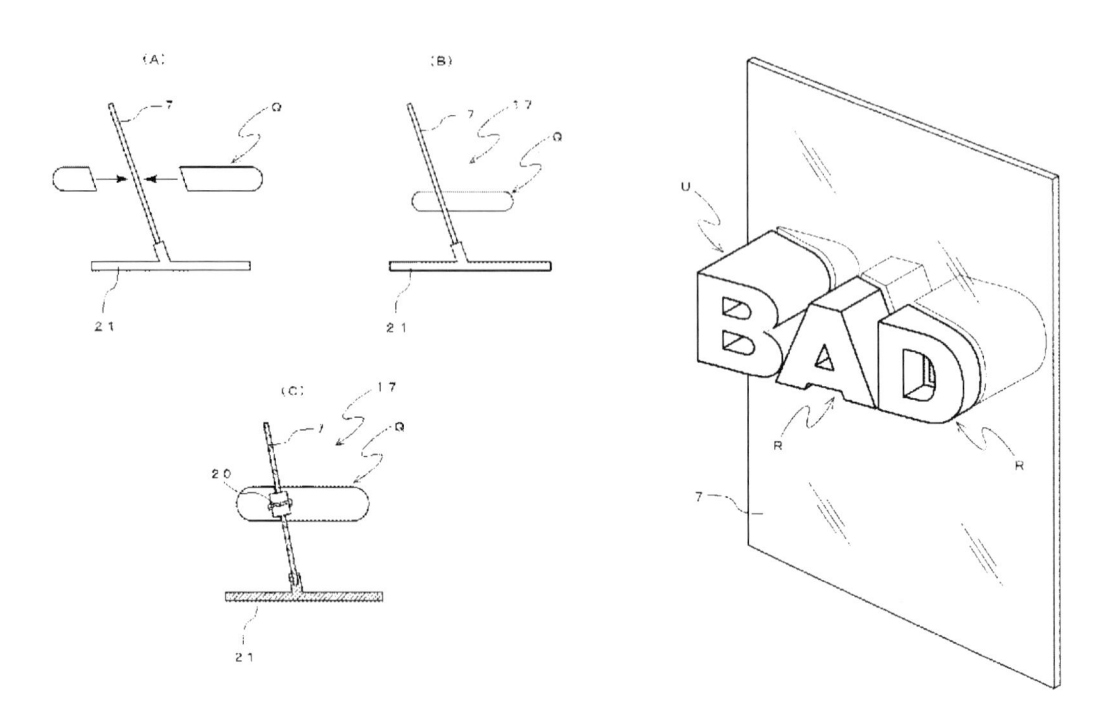

【図45】[Drawing45]　　【図46】[Drawing 46]　　【図47】[Drawing 47]

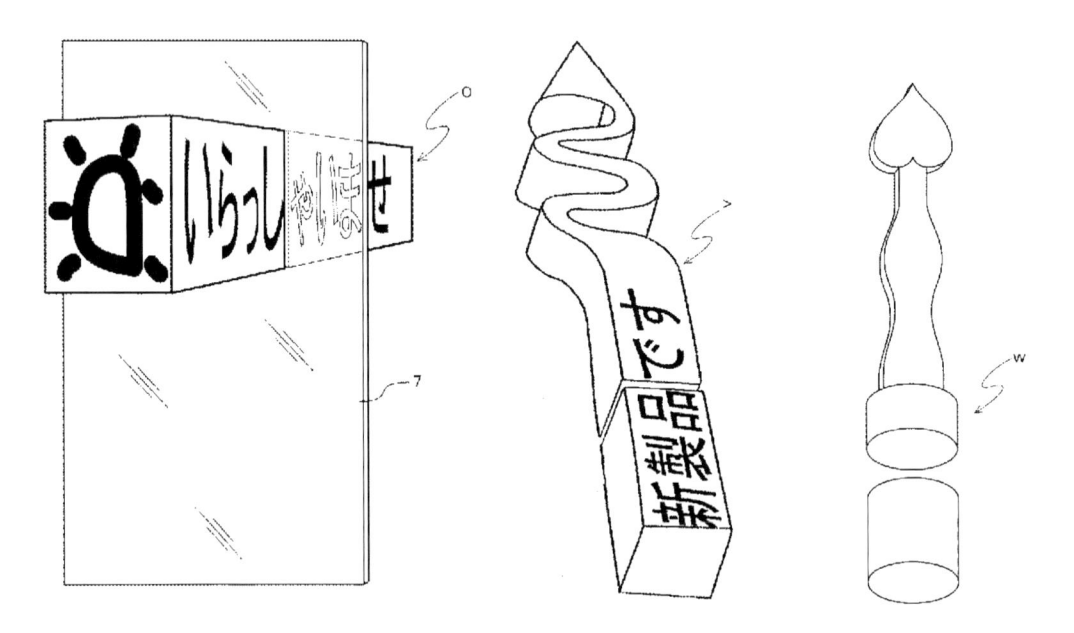

4、Patent journal English

CLAIMS

[Claim 1]

Step 1 which divides one solid thing at any position and angle, and creates two or more division solid things,

water-white or colored -- Step 2 provided so that each parting plane of two or more aforementioned division solid things may oppose to both sides of a transparent transparent sheet,

It is a presenting method of a solid thing performed at Step 3 which sticks two or more aforementioned division solid things on both sides of the aforementioned transparent sheet,

In the aforementioned step 1,

A presenting method of a solid thing in which the aforementioned division solid thing is characterized by making only a part of thickness of the aforementioned transparent sheet into ****** from a cutting plane.

[Claim 2]

A presenting method of the solid thing according to claim 1, wherein a sticking means of the aforementioned division solid thing is embedded in the aforementioned step 3 according to thickness of the aforementioned transparent sheet so that it may become flat-tapped.

[Claim 3]

At least 1 side of the aforementioned division solid thing is the characteristics and ** about fixing via a fixing means.

A presenting method of a solid thing of a description for ********1 or any of 2 their being.

[Claim 4]

the time of providing the aforementioned division solid thing to a first [at least] page side of the aforementioned transparent sheet -- the whole surface side -- or

A positioning member which, on the other hand, formed in a side a locating hole which corresponds to parting plane form of the aforementioned division solid thing

A presenting method of the solid thing according to any one of claims 1 to 3 using and positioning.

[Claim 5]

An ornament of a character or a pattern is given to the first [at least] page of the aforementioned transparent sheet.

A presenting method of the solid thing according to any one of claims 1 to 4.

[Claim 6]

A presenting method of the solid thing according to claim 5, wherein the aforementioned division solid thing constitutes a part of aforementioned ornament.

[Claim 7]

A claim, wherein an ornament of a character or a pattern is given to the surface of the aforementioned division solid thing

A presenting method of a solid thing of a description for any of 1 thru/or 6 their being.

[Claim 8]

A presenting method of the solid thing according to any one of claims 1 to 7 having arranged a light source or a sensor inside the aforementioned division solid thing.

[Claim 9]

A presenting method of the solid thing according to claim 8 having arranged the aforementioned light source or a sensor to the interior-of-a-room side of the aforementioned division solid thing.

[Claim 10]

The aforementioned light source or sensors is the characteristics about irradiating with a beam from the opening part of the aforementioned division solid thing.

A presenting method of the solid thing according to claim 9 to carry out.

[Claim 11]

After creating a prototype of a solid thing by actual size, the aforementioned prototype is used, and they are a dividing position and a dividing direction.

It determines, the aforementioned prototype is fixed to a prototype fixing base for subdividing operation, and it is a dividing position and a dividing direction of the aforementioned prototype.

Where it was alike, and it was along and **** is inserted, the aforementioned prototype is covered with gypsum fibrosum, and at least a plug of the aforementioned **** is about this gypsum fibrosum.

By dividing by **, a plaster mold is created and it is a charge of a melting material for the aforementioned solid thing composition in the plaster mold.

In a preparation method of a division solid thing which creates a solid thing which was slushed and was divided previously,

A preparation method of a division solid thing for which a surface equivalent to the aforementioned parting plane of the aforementioned plaster mold is characterized by removing only a part of thickness of a transparent sheet which a division solid thing opposes and should be provided.

ガラスを通り抜ける立体　窓・ショーウインドー・観賞魚

定価（本体 1,500 円＋税）

２０１３年（平成２５年）１０月８日発行

No. TK-018

発行所　発明開発連合会®

東京都渋谷区渋谷 2-2-13

電話 03-3498-0751㈹

発行人　ましば寿一

著作権企画　発明開発連合会

Printed in Japan

著者　竹永建次 ©

（たけながけんじ）

本書の一部または全部を無断で複写、複製、転載、データーファイル化することを禁じています。

It forbids a copy, a duplicate, reproduction, and forming a data file for some or all of this book without notice.